D0778580

en español

LA

MASACRE DE
BOSTON

por Michael Burgan
ilustrado por Bob Wiacek,
Keith Williams y
Charles Barnett III

Consultor:
Susan Goganian, Director del Recinto
The Bostonian Society
Boston, Massachusetts

Capstone
press
Mankato, Minnesota

Graphic Library is published by Capstone Press,
151 Good Counsel Drive, P.O. Box 669, Mankato, Minnesota 56002.
www.capstonepress.com

1 2 3 4 5 6 11 10 09 08 07 06

Library of Congress Cataloging-in-Publication Data
Burgan, Michael.
    [Boston Massacre. Spanish]
    La Masacre de Boston/por Michael Burgan; ilustrado por Bob Wiacek, Keith Williams y
Charles Barnett III.
    p. cm.—(Graphic library. Historia gráfica)
    Includes bibliographical references and index.
    ISBN–13: 978–0–7368–6610–1 (hardcover : alk. paper)
    ISBN–10: 0–7368–6610–8 (hardcover : alk. paper)
    ISBN–13: 978–0–7368–9678–8 (softcover pbk. : alk. paper)
    ISBN–10: 0–7368–9678–3 (softcover pbk. : alk. paper)
    1. Boston Massacre, 1770—Juvenile literature. I. Wiacek, Bob, ill. II. Williams, Keith, 1958
Feb. 24– ill. III. Barnett, Charles, III, ill. IV. Title. V. Series.
E215.4.B86918 2007
973.3'113—dc22
                         2006042632

Summary: In graphic novel format, tells the story of the Boston Massacre, in Spanish.

Art and Editorial Direction
Jason Knudson and Blake A. Hoena

Designers
Jason Knudson and Ted Williams

Colorist
Brent Schoonover

Editor
Erika L. Shores

Translation
Mayte Millares and Lexiteria.com

Nota del editor: Los diálogos con fondo amarillo indican citas textuales de fuentes fundamentales. Las citas textuales de dichas fuentes han sido traducidas a partir del inglés.

Direct quotations appear on the following pages:
Pages 8, 13, 14, 19, 20, 26, from *The Boston Massacre* by Hiller B. Zobel (New York:
  W. W. Norton, 1970).
Page 10, from *Samuel Adams: The Fateful Years, 1764–1776* by Stewart Beach (New York:
  Dodd, Mead, and Company, 1965).
Page 25 (top), from *John Adams and the American Revolution* by Catherine Drinker Bowen
  (Boston: Little, Brown, and Company, 1950).
Page 25 (bottom), from John Adams' speech at the Boston Massacre trial (The Boston Massacre
  Historical Society, www.bostonmassacre.net/trial/acct-adams3.htm).

TABLA DE CONTENIDOS

CAPÍTULO 1

LAS TROPAS LLEGAN A BOSTON

En los años 1700, la Gran Bretaña peleó con Francia por el control del territorio en Norteamérica. Haber ganado la guerra había resultado costoso. El Parlamento de la Gran Bretaña le cobraba impuestos a sus 13 colonias norteamericanas para juntar el dinero que necesitó para defenderlas. La Ley del Sello señalaba que los colonos tenían que pagar una cuota por cada artículo impreso en papel.

No puedo creer que el Parlamento nos cobre impuestos por los periódicos y todo lo demás que leemos.

La Gran Bretaña nos cobra impuestos, pero no nos permite opinar en el Parlamento.

¡Abajo la Ley del Sello!

En 1767, el Parlamento aprobó las leyes Townshend. Se cobraban impuestos sobre el vidrio, té y otros artículos que eran traídos a las colonias. Muchos colonos pasaban de contrabando bienes para evitar pagar impuestos.

Los hombres están listos para descargar los bienes.

Haga que trabajen rápidamente y en silencio para que nadie los vea.

En un intento por detener el contrabando, los oficiales británicos acusaron a los comerciantes como John Hancock de no pagar impuestos en bienes que les eran enviados.

¡Mis registros muestran que todo ha sido pagado!

Yo decidiré eso.

¡Vamos a confiscar su barco!

Los colonos intentaron detener a los oficiales para que no se apoderaran del barco.

¡Háganse a un lado! ¡El Liberty está bajo el control británico!

Primero tendrá que pasar sobre nosotros.

Al igual que otros bostonianos, los Patriotas James Otis y Samuel Adams estaban enojados.

Samuel, los británicos no tenían derecho a confiscar el barco de Hancock. Y acabo de escuchar que van a enviar soldados a Boston.

Quieren quitarnos nuestra libertad, James. La única forma en la que pueden hacerlo es con las armas.

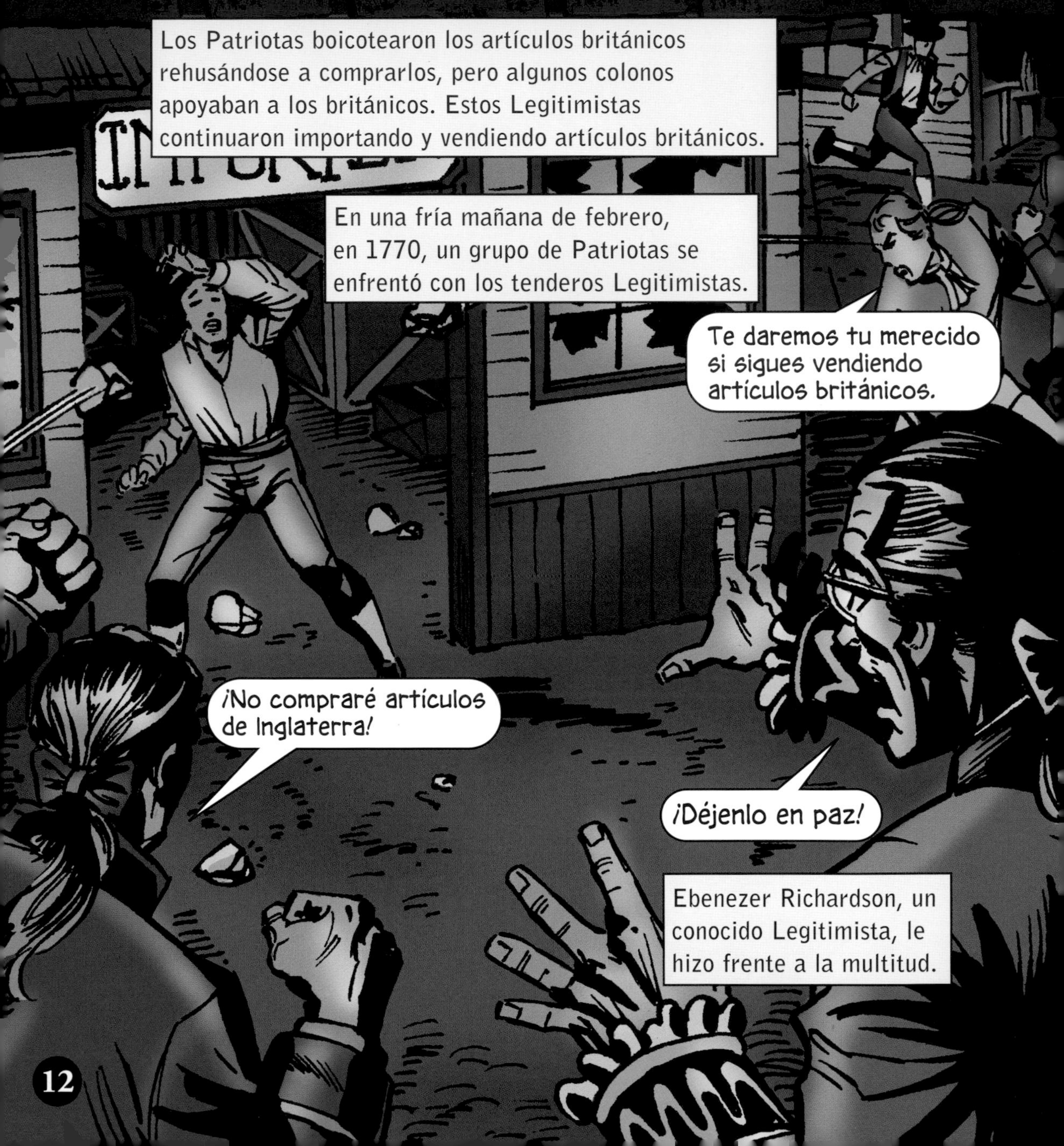

Más piedras empezaron a caer sobre Richardson y Wilmot.

BANG

Vengan, recibirán su merecido.

¡Christopher ha sido herido!

Alguien hizo sonar la campana de una iglesia cercana a forma de alarma. Más gente se empezó a acercar a la escena. Se abalanzaron a la casa de Richardson antes de que pudiera disparar de nuevo.

¡Richardson, ha matado usted a un niño de 11 años!

Y otro ha sido herido.

Pues no deberían de haberse unido a una multitud desordenada.

Conforme se iniciaba el altercado, más colonos y soldados se involucraron en la pelea.

A ver pillos, les partiremos la cara hasta que esté tan roja de sangre como sus abrigos.

Vamos chicos, muestren su espíritu de pelea británico.

Un oficial intentó intervenir.

¡Bajen sus armas! Es momento de terminar esta locura.

La pelea no terminó hasta que los colonos persiguieron a los soldados por toda la calle.

19

Una vez más, sonaron las campanas, y cientos de personas se volcaron a las calles. Un Patriota dispuesto a pelear esa noche era Samuel Gray.

Les daré en la cabeza a varios.

Preocúpate de que no te maten.

No te preocupes.

El Capitán Thomas Preston encabezaba a los soldados que llegaron a ayudar a White. El capitán quería que regresaran a sus casas, pero la multitud no dejaba pasar a los soldados.

Tomen sus posiciones junto al edificio, señores. ¡Y no disparen sin que yo dé la orden!

Crispus Attucks, un marinero que había escapado de la esclavitud, encabezaba a un grupo de colonos hacia la escena.

Ustedes, langostas, ¡no se atreverán a dispararnos! Vamos a ver si nos disparan.

Mientras Preston intentaba hacer que la multitud se disipara, alguien lanzó un palo a los soldados y le pegó al soldado Hugh Montgomery. Él no esperó a que su capitán le diera la orden.

BANG

El disparo desencadenó pánico. La multitud se abalanzó hacia los soldados.

Sin advertencia alguna, se oyeron más disparos. Los soldados pensaron haber escuchado la palabra "fuego" y tiraron del gatillo. Pero nadie oyó ni vio al capitán Preston dar la orden para disparar.

BANG

Cinco hombres, incluyendo a Crispus Attucks y Samuel Gray, yacían muertos o casi muertos en la calle. Había otros heridos.

¿Quién les dijo que dispararan?

¿En qué estaban pensando? Tendremos suerte si no hay más derramamiento de sangre esta noche.

El Capitán Preston rápidamente llevó a sus hombres de regreso a sus casas.

BANG

Mientras tanto, un amigo del Capitán Preston visitó a John Adams. Adams era abogado y primo de Samuel Adams.

No era intención de ellos matar a alguien. Ningún otro abogado defenderá a estos soldados.

Si el Capitán Preston cree que no puede tener un juicio justo sin mi ayuda, entonces habrá de tenerlo.

Los juicios por asesinato de los soldados comenzaron en octubre. Los testigos contaron lo que vieron y lo que escucharon el 5 de marzo. John Adams entonces expuso porqué los soldados deberían ser liberados.

Si se llevó a cabo una agresión que puso en peligro sus vidas, la ley es clara. Ellos tenían el derecho a matar para defenderse a sí mismos.

El jurado dijo que los soldados habían disparado en defensa propia. Preston y seis de sus hombres fueron liberados. Hugh Montgomery y otro soldado fueron declarados culpables por homicidio involuntario.

Boston continuó siendo centro de protestas y los colonos continuaron recordando a los hombres que murieron durante la masacre de Boston.

Estos hombres murieron en nombre de la libertad. Retaron la fuerza de un rey que nos quitaría nuestros derechos.

En abril de 1775, las milicias coloniales pelearon contra los soldados británicos en los pueblos de Concord y Lexington, justo afuera de Boston. La Guerra de la Revolución había comenzado. Las cinco víctimas de la masacre de Boston fueron los primeros héroes de esa lucha por la independencia.

- Crispus Attucks fue el primer hombre en morir en la masacre de Boston. Era mitad indio americano y mitad afroamericano. En Boston Common, el parque más grande de Boston, hay una estatua en honor a Attucks.

- Las otras víctimas de la masacre de Boston fueron Samuel Gray, Samuel Maverick, Patrick Carr y James Caldwell. Maverick murió al siguiente día de la masacre y Carr murió varios días después.

- Los soldados británicos Hugh Montgomery y Matthew Kilroy fueron declarados culpables por homicidio involuntario de las muertes de Crispus Attucks y Samuel Gray. Pudieron haber sido ejecutados por su crimen. Bajo la ley británica, sin embargo, les fue permitido solicitar un trato especial. En vez de ser ejecutados, a estos hombres se les hizo una marca en su dedo pulgar derecho con un hierro candente.

- Después de la masacre de Boston, Samuel y John Adams continuaron jugando papeles importantes en la batalla de Norteamérica por su independencia. Ambos escribieron artículos importantes explicando cómo las políticas británicas dañaban a las colonias. Samuel fue uno de los primeros líderes Patriotas en hacer el llamado a la independencia. Años después, John se convirtió en el segundo presidente de los Estados Unidos.

En la época de las colonias, las leyes británicas no permitían que más de 12 personas se reunieran en las calles. Al leer en voz alta una ley llamada la Ley Antimotines, un oficial británico podía dispersar a la multitud. Si las personas no se iban después de leerse la Ley Antimotines, los soldados podían disparar hacia la multitud. Los colonos en las calles de Boston pensaron estar a salvo la noche del 5 de marzo de 1770. Nadie había leído la Ley Antimotines cuando las tropas llegaron.

Una marca en el Cementerio Granary de Boston muestra el lugar donde están sepultadas las cinco víctimas de la masacre de Boston. Christopher Seider, de once años de edad, también está sepultado allí. Su nombre está escrito incorrectamente como "Snider" en su tumba. Samuel Adams también está enterrado cerca de esas tumbas.

GLOSARIO

la bayoneta—una larga cuchilla de metal unida al extremo de un rifle

el boicot—negarse a comprar algo a manera de protesta

el contrabando—introducir o sacar de un país un objeto de manera ilegal

el homicidio involuntario—el crimen de matar a alguien sin haber tenido la intención de hacerlo

importar—traer artículos de otro lado a un lugar o país

el Legitimista—un colono que le era leal a la Gran Bretaña antes y después de la Guerra de la Revolución

la masacre—el asesinato de un gran número de personas, con frecuencia en batalla

el Parlamento—el organismo gubernamental que elabora las leyes en la Gran Bretaña

el Patriota—una persona que estaba a favor de las colonias durante la Guerra de la Revolución

SITIOS DE INTERNET

FactHound proporciona una manera divertida y segura de encontrar sitios de Internet relacionados con este libro. Nuestro personal ha investigado todos los sitios de FactHound. Es posible que los sitios no estén en español.

Se hace así:

1. Visita *www.facthound.com*

2. Elige tu grado escolar.

3. Introduce este código especial **0736866108** para ver sitios apropiados según tu edad, o usa una palabra relacionada con este libro para hacer una búsqueda general.

4. Haz clic en el botón **Fetch It**.

¡FactHound buscará los mejores sitios para ti!

LEER MÁS

Draper, Allison Stark. *The Boston Massacre: Five Colonists Killed by British Soldiers.* Headlines from History. New York: PowerKids Press, 2001.

Mattern, Joanne. *The Cost of Freedom: Crispus Attucks and the Boston Massacre.* Great Moments in American History. New York: Rosen, 2003.

Ready, Dee. *The Boston Massacre.* Let Freedom Ring. Mankato, Minn.: Bridgestone Books, 2002.

Santella, Andrew. *The Boston Massacre.* Cornerstones of Freedom. New York: Children's Press, 2004.

BIBLIOGRAFÍA

The Boston Historical Society and Museum
http://rfi.bostonhistory.org/

Boston Massacre Historical Society
http://www.bostonmassacre.net/

The Boston Massacre Trial of 1770
http://www.law.umkc.edu/faculty/projects/ftrials/
bostonmassacre/bostonmassacre.html

Fleming, Thomas. *Liberty!: The American Revolution.* New York: Viking, 1997.

Langguth, A. J. *Patriots: The Men Who Started the American Revolution.* New York: Simon & Schuster, 1988.

Zobel, Hiller B. *The Boston Massacre.* New York: W. W. Norton, 1970.

ÍNDICE